AF253787

ALLOCUTION

D'UN

VIEIL AMI DE LA LIBERTÉ

A LA JEUNE FRANCE.

SOUS PRESSE, DU MÊME AUTEUR,

Deux Articles faisant suite à *l'Allocution* ;
L'un sur le droit d'*Opposition* dans les Gouvernemens représentatifs ;
L'autre, sur la plus prompte régénération du Commerce.

IMPRIMERIE DE FIHAN DELAFOREST (MORINVAL),
RUE DES BONS-ENFANS, n°. 34.

ALLOCUTION

D'UN

VIEIL AMI DE LA LIBERTÉ

A LA JEUNE FRANCE,

SUIVIE D'UNE

Notice sur la Vie politique de l'auteur

ET DE SES PREMIERS ÉCRITS SUR LES JOURNÉES
DE JUILLET 1830.

> Mes amis,
> Le *présent* vous doit ; *l'avenir* vous
> appartient ; que le *passé* vous serve.

A PARIS,

Chez PÉLICIER et CHATET, LIBRAIRES,
PLACE DU PALAIS-ROYAL.

1830.

AVANT-PROPOS.

Dans le désir que j'ai de vous disposer en faveur de mes opinions politiques, j'ai senti le besoin de vous rassurer d'abord sur ce qu'ont été mes principes et ma conduite dans le cours de la révolution. Ma Notice, à la suite, vous prouvera que mon caractère de jurisconsulte, indépendant et défenseur des doctrines libérales, ne s'est jamais démenti. Je n'ai ambitionné aucune supériorité sociale, quoique j'aie passé ma vie avec tous les grands dignitaires qui se sont succédé depuis 1789.

J'ai disputé leurs victimes à la Convention, au consulat, à l'empire, à la restauration. J'ai perdu, sous cette dernière et par elle, tous mes avantages sociaux ; elle a neutralisé, pendant six ans consécutifs, les suffrages de mes pairs, qui me plaçaient à leur tête. Ses systèmes occultes ou patens m'ont tous été contraires. Sa chute m'a inspiré deux écrits, dont celui-ci n'est que la continuation, et que je reproduis ici pour vous dérouler toute ma pensée.

ALLOCUTION

D'UN

VIEIL AMI DE LA LIBERTÉ

A LA JEUNE FRANCE.

———————

Un gouvernement déloyal et ambitieux avait formé l'entreprise insensée de faire reculer le siècle vers ces temps de barbarie où nos pères étaient serfs.

Il avait profané la religion catholique, au point de lui emprunter des conseils et des missionnaires, pour ce *réasservissement* de l'espèce humaine.

Leur coalition impie travaillait sans cesse à miner sourdement l'édifice social, à dessécher les canaux de l'industrie, à abattre le commerce, et à plonger ainsi dans la misère le peuple qu'elle voulait enchaîner.

Irritée de la résistance héroïque que les 221 députés opposaient à ses desseins, elle a poussé l'aveuglement et la fureur jusqu'à appeler la force armée à l'exécution violente de ses plans rétrogrades.

Dans les trois journées de juillet, le peuple a vaincu ses oppresseurs.

La Providence a voulu que les 221 députés fussent là, pour profiter de la victoire, et qu'un prince patriote consentît à recevoir la couronne de leurs mains, sous des conditions qui assurent à jamais les libertés publiques.

Spectatrice de cette merveilleuse régénération, l'Europe entière se hâte de l'adopter, comme harmonique avec la tranquillité du monde.

Cependant, à l'intérieur, de nouveaux dangers semblent nous menacer : ce n'est pas du côté des royalistes absolus; ils gardent ostensiblement l'attitude des vaincus, le silence; en se rejetant dans leurs *à parte*, sur l'illégalité de ce qui s'est fait le 7 août dernier. Je crois avoir émoussé cette arme de l'absolutisme, dans mes deux écrits des 11 et 12 août dernier, que l'on retrouvera ci-après. S'ils s'agitent d'ailleurs, c'est dans l'ombre : un bon directeur-général de police, qui se concertera avec le ministre de l'instruction publique et des cultes, suffira pour déjouer toutes. leurs menées.

Ce sont les ultra-libéraux qui nous tourmentent; la fièvre d'un *mieux possible* agite certains esprits. Croyant l'obtenir de représentans autres que ceux qui viennent d'améliorer la Charte, ils demandent la dissolution de la Chambre actuelle des députés, où siègent les 221, parce que, selon eux, elle s'est liée, en maintenant dans la Constitution des élémens aristocratiques qui doivent disparaître, tels que : *la noblesse, l'hérédité de la pairie, l'inamovibilité des juges.* Ils se plaignent aussi de certains abus ministériels, et ils provoquent la suppression de certains impôts.

C'est-à-dire qu'ils votent pour que soit démoli le nouvel édifice social qui vient à peine d'être construit, et que tout soit remis en question.

Je ne m'arrêterai pas à démontrer que la dissolution de la Chambre serait injuste, inconséquente et dangereuse : *injuste,* en ce qu'elle a bien répondu aux cris de : *Vive la Charte !* *inconséquente,* en ce que nulle autre qu'elle-même ne peut mieux coordonner son œuvre ; *dangereuse,* en ce qu'elle replongerait la France dans l'abîme des discordes civiles dont l'assemblée constituante de 1789 ne sut pas la garantir, et que la Convention n'a comblé que par le sang.

Tout cela est senti et accordé par la masse de la nation.

Je n'entends discuter, avec les dissidens, que sur les améliorations qu'ils proposent. Je leur adresse d'abord cette question.

Avant d'appeler les démolisseurs, n'est-il pas sage, n'est-il pas essentiel pour tous, de vérifier de sang-froid si la démolition est utile, ou si elle n'amènera pas, sous des formes plus démocratiques, l'anarchie et, à sa suite, la misère du peuple.

Pour bien gouverner la société, il faut partir du point où on la trouve; il faut corriger sans doute les abus de son organisation, mais il ne faut pas se priver des avantages qu'elle offre à l'intérêt commun; il ne faut pas tout détruire à la fois pour tout recréer; les générations entières s'enseveliraient dans les ruines : Dieu seul sait ce qui résulterait ensuite de leur déblaiement.

La France de 1830 est une terre promise pour les arts, pour les sciences, l'industrie et le commerce; où la paix fait abonder tous les étrangers qui cherchent, sous un ciel tempéré, au sein d'une douce hospitalité, les jouissances de la vie.

La France doit à ses vieilles institutions d'avoir subi l'empire du luxe : toutes les classes de la société sont devenues plus ou moins ses tributaires, chacune d'elles recherchant avec ardeur les commodités de la vie.

D'innombrables professions se sont établies pour fournir à ces besoins factices : la majeure partie de la population des villes ne tire sa subsistance que de la continuité de cet emploi.

La France régénérée doit être prise avec toutes ces nécessités *de faire* et *de consommer*.

La meilleure constitution à lui donner, est

celle qui restituera le plus tôt cette double activité à ses manufactures et à son commerce.

Déjà, avant les changemens qui viennent de s'opérer, il y avait souffrance : la classe ouvrière éprouvait des interruptions ou des ralentissemens de travail.

Mais surtout une génération nombreuse, éclairée par les lumières du siècle, était et est encore là, demandant aux chefs de l'État, de l'emploi, dans le cercle de ses capacités.

La voix de ces derniers n'est pas la moins impérieuse : leur demande est légitime ; mais les moyens qu'ils provoquent (de nouvelles agitations et des réformes) sont-ils raisonnables et les conduiront-ils au terme désiré ?

Pour peu qu'ils y réfléchissent, ils ne peuvent l'espérer.

Ils déclarent la guerre à toute aristocratie, parce qu'ils supposent qu'elle nuit à leurs intérêts sociaux et matériels ; qu'il est possible et utile de la détruire ; et que, par son abolition, ils arriveraient plus tôt à jouir eux-mêmes des avantages de la société.

Ils se trompent, ou plutôt ils ne s'entendent pas.

L'aristocratie que conserve la Charte améliorée, est loin désormais de pouvoir être hostile ou nuisible à qui que ce soit : elle ne peut, au contraire, exister qu'à la condition de se rendre utile aux faibles et à l'industrie.

L'aristocratie *féodale* est abolie, de *fait*, depuis deux siècles, et de *droit*, depuis le 4 août 1789.

L'aristocratie *nobiliaire* n'est plus que la magie des noms : son seul privilége est la *considération ;* et il est précieux à conserver, comme un ressort moral qui sert sans commander.

L'aristocratie ou la supériorité acquise par *les talens* ou par *les services* rendus à l'État, certes ce n'est pas celle que l'on veut ni que l'on peut détruire ; renversée aujourd'hui, elle se relèverait demain.

Reste *l'aristocratie des richesses.* Celle-là est la seule réelle à présent ; mais, de sa nature, elle est loin d'être oppressive ; elle a besoin de l'appui des lois et ne peut en dicter aucune aux classes moins fortunées ; la force publique la protége, mais ne lui obéit pas.

Le seul rapport sous lequel l'aristocratie des richesses pût devenir dommageable pour la société, serait celui de leur concentration, affranchie des charges de l'État.

Quand les valeurs circulent, peu importe à la masse le relief qu'elles donnent à leur possesseur ; la masse profite aussi bien de celles qui sont à un seul, que de celles qui sont réparties dans plusieurs mains.

Rien de moins palpable, d'ailleurs, que cette aristocratie des richesses. Si vous la poursuivez sur les vestiges de son agglomération, elle se disséminera et déjouera toutes vos recherches.

Serait-ce le principe de l'égalité qui vous mettrait à sa poursuite? Mais alors vous confondez l'*égalité des droits*, qui est la seule réclamée par la liberté, avec l'*égalité des fortunes*, qui serait destructive de la propriété, et dont la conquête instantanée n'aboutirait qu'à une chimère.

Pour niveler les fortunes sur les droits, quels seraient les régulateurs? A quel taux placerait-on le niveau? Y soumettriez-vous le moindre pécule des particuliers?

Quittons toutes ces hypothèses, qui ne vont qu'au renversement de l'ordre social.

L'aristocratie que la Charte améliorée maintient dans la Chambre des pairs, est, par sa destination actuelle, un contre-poids nécessaire à-la-fois pour résister aux actes arbitraires de la puissance exécutrice, et pour détourner les délibérations de la Chambre élective, du trop de tendance à la démocratie.

Voulez-vous qu'elle remplisse dignement cette double mission? commencez par la lui tracer fortement, afin qu'elle sache que son institution est de protéger les intérêts nationaux et nouveaux;

qu'elle est indépendante du trône et qu'elle n'a pas à mendier ses faveurs.

Après avoir déterminé les devoirs de la pairie, déterminez ses droits. Au lieu de rien retrancher à sa puissance toute morale et protectrice, ajoutez-y s'il se peut. Faites qu'elle soit d'une force colossale et inviolable, pour l'action de s'opposer aux abus et de surveiller l'exécution des lois.

Puisez cette force dans sa composition même. Donnez-lui, pour noyau, les quatre vingt-trois plus forts propriétaires territoriaux ou industriels de France, qui sont en même temps de vrais patriarches dans leurs départemens. A fortune égale, donnez la préférence aux réputations enracinées par d'antiques vertus, aux illustrations et même aux noms qui ont seuls leur autorité.

Portez le cens aristocratique à un taux supérieur de beaucoup au cens électoral, tel que 20,000 fr. de rentes, au moins.

Bornez à trois cents le nombre des membres de la Chambre des pairs. La fixation à ce nombre ou à tout autre sera une limite imposée à la puissance exécutive. Laissant cette considération, je voterais pour le nombre égal à celui des députés ; ce serait une heureuse addition à la classe de nos grands consommateurs.

Réservez un tiers de cette composition pour les hommes élevés par leurs talens, ou par des services rendus à l'État, aux premiers rangs de la société. De ceux-là n'exigez aucun cens. C'est l'État qui doit les doter , et ils le seront sur la rente de 2 millions affectée à la pairie.

Conservez l'*hérédité* de la pairie : c'est là condition de son existence et de son pouvoir; mais , modifiez l'exercice de ce droit : qu'il ne soit pas l'apanage forcé d'un aîné inepte ou décrié : que la Chambre des pairs, d'après un conseil de famille, prononce elle-même sur la successibilité , en faveur du plus capable ou du plus digne d'entre les enfans : l'expectative les portera tous au bien.

Déclarez incompatible, avec la pairie, l'exercice de tous emplois civils et militaires qui feraient rechercher, par les titulaires, les bonnes grâces du gouvernement.

Créez, pour l'intervalle des sessions, une série de devoirs à remplir, ou plutôt d'actes de protectorat à exercer par chaque pair de France, dans une circonscription invariablement assignée à chacun. Obligez-les à y résider.

Chargez-les d'y recevoir les doléances du peuple ; d'y observer l'esprit public , de s'enquérir de tous les besoins de leur arrondissement, de prendre note de toutes les améliorations locales désirées ou désirables , sans qu'en aucun cas ils aient à s'occuper d'administration ; leur unique emploi étant de reporter au gouvernement la connaissance des faits.

Établissez enfin, au sein de cette pairie, nombre de dignités supérieures, de prérogatives honorifiques et même de rétributions, qui deviennent la récompense des membres qui auront le mieux mérité dans cette carrière du bien public.

La pairie ainsi instituée ne sera jamais une aristocratie dangereuse ; loin de là, elle sera éminemment utile et secourable au peuple : elle multipliera, elle perpétuera, par ses alliances, les familles des gros consommateurs. Unie au patronage, l'opulence se développera ; sa source, élargie par l'éclat et par les besoins d'une clientelle nombreuse, par l'adoption des arts et de l'industrie, incessamment grossira les flots de la circulation et portera partout l'abondance.

On ne flétrira pas cette institution de la pairie, qu'il faudrait pouvoir diviniser, en tolérant dans son sein, le scandale des insolvabilités légales. Les majorats seraient saisissables et les pairs contraignables comme tous les autres citoyens.

Passons à l'inamovibilité des juges.

C'est un principe fondamental que l'on attaque. On ne peut fonder aucun gouvernement libre, sans la condition de l'indépendance des juges. Le pouvoir judiciaire est un des trois pouvoirs nécessaires à la constitution d'une monarchie légale ; il ne doit être dominé ni par le pouvoir législatif, ni par le pouvoir exécutif.

Autrement, la sûreté des personnes et celle des propriétés ne seraient plus inviolables.

Il y aurait anarchie.

Pour que le pouvoir judiciaire protège la société, il faut qu'il ait sa puissance propre et spéciale, dans l'ordre hiérarchique établi ; que nul ne puisse ni la lui ôter, ni lui en disputer l'exercice.

Il lui faut l'irrévocabilité des fonctions, comme l'hérédité à la pairie.

Irrévocabilité ou inamovibilité sont synonymes.

Ce principe, la monarchie *absolue* l'avait elle-même adopté. Elle avait créé des charges de magistrature qui étaient de véritables propriétés, dans la main des titulaires. Ceux-ci étaient à l'abri de toute révocation *ad nutum* : ils transféraient leurs offices par vente ou par succession, sauf les provisions du prince, dont la concession était, en quelque sorte, un droit acquis.

La monarchie *légale* étant plus populaire, réclame plus impérieusement l'égide de l'inamovibilité des juges : le salut de tous y est attaché ; celui, surtout, du faible contre le puissant.

Un juge inamovible et qui reçoit ses émolumens du trésor public, directement, n'ayant pas à craindre que le gouvernement ministériel le prive de son état, après le lui avoir donné, jugera en toute liberté de conscience dans les ma-

2

tières politiques, de même que dans celles de fis-
calité.

Un juge amovible, au contraire, ayant sans
cesse à redouter sa destitution, sera à la dévotion
du ministère : il recherchera ses faveurs, il trem-
blera de lui déplaire : il opinera selon *le bon plaisir*. L'esprit de parti ou l'esprit fiscal dictera tous
les jugemens.

C'est-à-dire que les ministres, par des délégués
à leurs ordres, deviendront les magistrats du
peuple.

Et alors que devient la liberté ?

Quel est le lot du faible ?

On frémit à l'idée d'un pareil servage.

Remarquez, d'ailleurs, qu'en compromettant,
par votre amovibilité des juges, la société tout
entière, vous commettez envers les individus
destituables, la plus criante des injustices.

Ils auront consacré leur jeunesse à l'étude des
lois : ils auront honoré leur âge mûr par des travaux assidus, par un désintéressement que peu
d'autres professions gardent à un pareil degré :
et tout-à-coup ils se verront, par un pur caprice,
expulsés de la carrière dont leurs services semblaient leur assurer l'immuable possession.

Qui voudra désormais consacrer sa vie à un
état aussi précaire ?

Et après tout, pourquoi, méprisant la leçon

des siècles, voulez-vous aujourd'hui recomposer toute la magistrature? Avez-vous besoin de ce bouleversement?

En aucune façon.

Les procès politiques, qui sont ceux dont la décision vous préoccupe, sont maintenant soumis à un jury.

Entre autres, les délits de la presse.

Les procès de *tendance* ne sont plus de mode : ils ne peuvent se reproduire qu'avec le despotisme ou par la sainte inquisition.

Mais, dites-vous, certains membres des tribunaux ont proclamé des doctrines anti-libérales : ils ont rendu des jugemens en haine de la cause populaire et dans l'intérêt de ses oppresseurs.

Je l'accorde.

Est-ce une raison pour renouveler le corps entier de la magistrature et pour saper le pouvoir judiciaire jusque dans ses fondemens?

Demandez que ces hommes, qui, agglomérés, ont réussi à conquérir, dans les tribunaux, cette triste majorité pour leurs opinions liberticides, soient répartis dans d'autres cours ou siéges, de manière que leur malveillance y soit neutralisée.

Ce sera une satisfaction pour le passé et une sécurité pour votre avenir.

Actuellement que nous croyons avoir combattu la dissidence, sur son terrain le plus ferme et pour tout ce qui est constitutionnel, venons à ses autres griefs.

Les abus du nouveau ministère.

La tyrannie de certains impôts.

Ici, du moins, les plaintes ne portent que sur des objets accessoires et transitoires.

Le mal serait plus facile à réparer ; il pourrait l'être par la Chambre actuelle mieux que par toute autre.

Les abus du nouveau ministère sont ou son *propre fait*, ou les conséquences des institutions encore subsistantes.

Pour faire cesser ces derniers, demandez aux législateurs, ou au gouvernement, d'en détruire la source, en changeant les institutions.

Est-ce dans la composition de l'armée, par exemple, sur le recrutement, sur les promotions, sur les mises à la retraite ou en disponibilité, qu'il y a arbitraire et injustice ? Signalez ces vices : s'ils sont consacrés par des ordonnances, demandez au gouvernement qu'il les rapporte et qu'il leur en substitue de plus conformes au bien du service et aux droits acquis aux braves défen-seurs de la patrie.

Si c'est une loi qui trace au ministre de la guerre cette direction lésive pour les masses, pourvoyez-vous auprès des Chambres, par voie de pétition, pour qu'elles mettent un terme à ces lésions.

Suivez uniformément cette marche pour les autres branches du ministère.

Quant aux abus allégués du *propre fait* des ministres, dénoncez-les aux autorités, s'ils ont un caractère de despotisme ou de partialité répréhensible.

Dans le nombre des actes qui émanent journellement du ministère, il en est une série sur laquelle il convient de ne pas se laisser légèrement prévenir.

Ce sont les nominations aux fonctions publiques, aux emplois ou places qui dépendent de leurs départemens respectifs.

Ce champ est vaste pour les doléances ou pour les accusations.

Pourquoi?

Parce que les demandeurs sont innombrables.

Parce qu'il y a impossibilité de les satisfaire tous.

Il est tout simple que la foule des mécontens se grossisse; il est même assez naturel que des plaintes se fassent entendre; mais il en est peu qui intéressent l'ordre public, ou qui ne dégénèrent en clameurs de coterie. On déblatère contre les choix, parce qu'on n'en a pas été l'objet. On reproche aux ministres d'avoir placé leurs parens, leurs amis, leurs créatures ; comme si la parenté, l'amitié, la protection, excluaient le mérite dans les personnes préférées.

Il se peut que dans les nominations qui viennent d'être faites, il s'en trouve quelques - unes sur lesquelles l'intérêt des administrés demandera que l'on revienne. L'expérience les indiquera. Tous ces élus aux fonctions administratives ou du ministère public sont révocables. Ici le remède aux méprises échappées à trop de précipitation (s'il est pénible d'avoir à l'employer) ne heurte du moins aucun principe constitutionnel.

Si les choix étant épurés, les demandes d'emplois aux ministres restent sans réponse, prenez - vous - en au sort qui veut qu'il n'y ait pas de cases pour tout le monde. La chose publique ne souffrirait, qu'autant qu'il y aurait incapacité parmi les sujets pourvus ; elle exige qu'il y ait économie dans les dépenses, et que loin d'augmenter le nombre des salariés, on vise à le réduire.

Si ces nécessités de l'administration déconcertent vos espérances, changez de plans : jetez-vous dans d'autres carrières, où des ressources s'offrent pour vos moyens.

N'en est - il aucune ouverte pour le moment à votre activité, à votre ardeur pour le travail ? Dans ce cas-là même, au lieu de vous agiter tumultueusement, faites - vous enregistrer dans les administrations ; indiquez - leur ce qu'elles pourraient faire pour venir au secours de ceux de votre catégorie.

Les agitations ne servent qu'à prolonger le cours de ces inquiétudes générales, qui font que le crédit se resserre et que les occasions de travail deviennent plus rares ; l'ordre est le grand moteur des opérations lucratives. Rien ne s'élabore dans la nature au sein des orages.

Quant aux impôts dont la charge ou le mode de perception vous importune, laissez du moins aux législateurs le temps de vous en dégréver par des produits équivalens ; leur sollicitude sur ce point ne peut pas vous être suspecte. Mais les plaies de l'État sont profondes ; les crises, toujours convulsives, les empêchent de se refermer.

Déjà des pas immenses sont faits vers le meilleur de tous les systèmes de finances : *l'écono-mie !* Elle est la vertu du Prince que votre bonne étoile vous a donné.

Déjà de grands fonctionnaires, de hauts dignitaires ont fait preuve d'un désintéressement jusque-là sans exemple.

Ces secours de toutes parts prodigués aux héroïques infortunes, même par de généreux étrangers, venant à la décharge du trésor public, attestent un concours rassurant de volontés bienfaisantes.

Au milieu de ce mouvement, l'administration ne peut rester oppressive ou abusivement fiscale ; la pudeur ne lui permet aucun ajournement des bonifications *qui sont possibles.*

D'elle-même, elle vient, par le ministre des finances, de prendre l'initiative pour proposer aux Chambres, en faveur du commerce, le secours d'un crédit de soixante millions. Que ne doit-on pas espérer d'une disposition aussi paternelle?

Bénissons le ciel de nous avoir conduits si rapidement où nous sommes, par une seule tourmente; apprécions ici l'immensité de son bienfait, et hâtons-nous d'en tirer tout le fruit.

Jamais la France n'a été en position de faire autant de bien à tous ses enfans.

Les passions jusqu'ici avaient rétréci les vues et détourné les soins de ses gouvernans.

Le régime féodal, les guerres, l'avaient abaissée et fatiguée pendant plusieurs siècles.

Les traitans, dans les trois derniers siècles, l'avaient dévorée.

La révolution l'avait poussée vers les extrêmes, dont la gloire seule ne peut pas compenser tous les préjudices. Des emprunts publics ont dû solder le compte.

L'homme qui aurait pu conquérir les plus

belles destinées à la France, a compromis deux fois l'intégrité de son territoire.

Le fanatisme, après l'avoir ensanglantée par des guerres de religion, naguère encore menaçait de la ressaisir.

Tous ces fléaux ont disparu comme par enchantement. La France est sortie de toutes les fluctuations, qui tenaient à sa constitution politique et sociale.

Maintenant qu'elle est paisible, éclairée, que l'honneur national, l'amour du pays, le sentiment de conservation, dominent toutes les masses, la voie est largement ouverte à toutes les améliorations.

Mettons-nous seulement d'accord sur celles qu'il importe et qu'il est possible d'obtenir, et sur le mode de les impétrer.

Renonçons à tous les rêves de systèmes hasardeux, aussi bien qu'aux fallacieuses promesses de la monarchie absolue.

Permettez que j'essaie ici l'esquisse rapide du plan d'amélioration qui me semble devoir être embrassé, pour le soulagement immédiat de toutes les souffrances.

Notre patrie possède et produit tout ce qui est nécessaire à la subsistance et même au bonheur de ses habitans.

Deux causes principales lui font en ce moment éprouver des privations.

L'une, qui a subsisté de tout temps, le *défaut de direction* parmi les producteurs;

L'autre, qui n'est que momentanée, *le défaut de circulation et de consommation.*

Demandez à la législature, demandez à l'administration qu'au plus tôt l'on s'occupe de ces deux points : ils sont capitaux, la vie du corps social en dépend; leur solution sera le terme de toutes les agitations.

Le besoin prédominant d'une société laborieuse, dont les membres sont disséminés dans un vaste territoire, c'est d'être constamment dirigée dans les travaux de la production.

Notre *agriculture*, toute la première, a besoin d'être régulièrement avertie de la préférence qu'elle doit donner, suivant les localités et d'après l'ensemble des remarques, à certaine nature de produits qui sont rares, plutôt qu'à telles autres qui surabondent.

Qui croirait, par exemple, que la France paie annuellement à l'étranger plus de trente millions, pour la seule importation des bestiaux que son sol pourrait nourrir?

D'immenses portions de territoire français sont encore incultes. Demandez au gouvernement qu'il en fasse la concession à des colons partiaires, sous des conditions qui en facilitent la mise en valeur. Des milliers de chefs de famille trouveront déjà, dans ces concessions, le moyen de s'installer.

Notre *industrie* pèche essentiellement par le trop plein de certains produits. Une administration paternelle doit l'avertir de les varier, ou d'échanger leurs fabrications contre d'autres, dont l'étranger est encore en possession de nous approvisionner.

Notre *commerce*, maritime surtout, opère sur divers points à-la-fois, et pour les mêmes destinations, sans guides, sans avertissemens qui le prémunissent contre les inconvéniens d'une concurrence établie par lui-même.

Demandez que, du point central où aboutissent tous les rapports, il émane régulièrement des instructions positives pour les sociétés d'agriculture, pour les Chambres de commerce, pour les mairies même, et autres surveillans.

Quant au *défaut de circulation et de consommation*, y remédier est chose plus difficile. Faites que l'on consomme, et bientôt la circulation se rétablira.

Pour trouver des consommateurs, la condition requise est de rendre la sécurité à tous ceux qui vivent de leurs revenus, afin qu'ils soient induits à le dépenser.

Pour cela , plus d'agitations politiques.

Qu'au plus tôt ils puissent invariablement comp-ter sur la fixité des produits de leurs propriétés , ou de leur industrie.

Demandez au gouvernement de provoquer , d'autoriser des associations anonymes, qui garan-tiront , par assurances , aux propriétaires , le paiement de leurs baux.

Vous trouverez à l'étranger des consommateurs pour le surcroît de vos produits, si des traités de commerce y sont habilement ménagés.

Vous en trouverez dans vos colonies, si elles sont assainies et efficacement protégées par la métropole.

Demandez au gouvernement qu'il négocie avec l'Espagne, pour introduire dans ses riches royaumes les hommes actifs et industrieux qui n'auraient pas d'emploi en France.

Demandez-lui qu'il vous ouvre d'utiles com-munications, avec toutes ces contrées de l'Amé-rique du Sud, où la nature a tout préparé pour des indigènes qui laissent tout périr, et se déchi-rent entre eux sur des déserts immenses.

Demandez-lui de faire peu à peu pénétrer, dans la Bretagne, dans l'Auvergne , dans le Li-mousin et autres départemens de la France , ces objets de consommation dont l'usage y est inconnu, ce qui, dans tout le reste du royaume, servent à la subsistance du peuple.

Demandez-lui enfin d'améliorer la nourriture du soldat, en lui distribuant un meilleur pain de munition.

Obtenez que soient remis en activité les travaux de canalisation, ceux des chemins de fer, ceux de la reconstruction des grandes routes de France; entreprise pour laquelle il m'a été assuré que des Mexicains réfugiés avaient offert de verser plus de 100 millions au ministère déchu, qui s'est refusé à les prendre.

Vos consommateurs ainsi trouvés, pour les produits du sol et de l'industrie, bientôt la circulation reprendra son cours.

Manquerait-on, quant au numéraire, des signes d'échange qui l'alimentent? il sera facile d'y suppléer par le crédit foncier et mutuel.

Établissez, dans chaque département, pour les propriétaires et pour les fermiers, des banques d'escompte mutuel : leurs effets circulant serviront tous les besoins, sans les excéder.

Cette institution des banques mutuelles dans les départemens, étendue aux classes industrielles, affranchira tous les producteurs de la dépendance des hommes à argent sous laquelle ils languissent. Elle les dédommagera des dédains de la bourse, qui leur préfère des valeurs improductives. Heureux les propriétaires qui, à l'aspect de ce temple de Plutus, se rappellent la fable du chien qui lâche sa proie pour l'ombre.

Avant de clore la série des demandes dont vous pouvez, sans molestation, obséder le gouvernement, il en est une dernière que je vous engage à reproduire sous toutes les formes.

Dites-lui, répétez-lui sans cesse, que ce qui nuit le plus à l'industrie, ce qui désole le plus le commerce, c'est l'impôt assis sur les non valeurs; qu'il n'y a de matière imposable, que dans les produits *nets* ou sur les capitaux *effectifs*, et non sur ceux grevés.

Quoi de plus impolitique et de plus injuste, que de taxer le cultivateur qui a été victime de la force majeure, à l'égal de celui qui a fait pleine récolte? En aucun cas l'impôt doit-il porter sur le capital dépensé pour la culture ou pour la fabrication? Peut-il être légitimement perçu sur l'actif brut d'une succession absorbée par les dettes, ou d'une faillite qui ne laisse pas cinq pour cent de dividende à de malheureux créanciers? Peut-on trop tôt remplacer par d'autres ces droits réunis ou indirects, dont la perception absorbe en frais presque autant qu'elle produit?

Si l'on vous objecte que l'État, obéré par les emprunts, doit forcer ses recettes pour assurer le service des rentes, répondez par la proposition de créer des tontines particulières d'amortissement en sociétés anonymes : l'idée de ce mode ingénieux de l'extinction des rentes avait d'abord été accueillie.

Toutes ces remontrances, à bon droit aujourd'hui peuvent être adressées avec une constante énergie, par le moindre citoyen, aux dépositaires de l'autorité souveraine. Ils sont tous vos mandataires et vos mandataires dévoués. Aucun privilége ne les sépare de vous; un intérêt commun les attache à votre cause.

Ils ne peuvent pas oublier que les lois ne sont sages et utiles qu'en ce qu'elles assurent à tous le plus de bonheur possible dans l'état de société; que pour que leur texte soit *une vérité*, il faut qu'on les exécute avec une religieuse fidélité; que c'est de leur stricte application que les magistrats d'un peuple libre se constituent responsables.

Consultez vos droits acquis ; n'en ambitionnez pas de nouveaux ; ils suffisent à des hommes libres et judicieux, pour la somme de bonheur départie à chacun.

BERRYER père.

Paris, 20 septembre 1830.

PIÈCES JUSTIFICATIVES.

N⁰. I.

—◆—

MOTIFS DE RALLIEMENT

AUX FRANÇAIS

DE TOUTES LES OPINIONS.

—◆—

LES fastes du monde n'offrent rien d'aussi décisif, pour la maturité des gouvernemens et le bonheur
de l'espèce humaine, que les immortelles journées
de juillet 1830.

Il avait fallu une longue série de siècles et la succession lente de plusieurs courageux publicistes,
pour poser invariablement les bases du droit des
nations.

Sans cesse, l'amour de la domination, inné au
cœur de l'homme, enfantant les illusions de la fausse
gloire ou les mysticités de la religion, avait fait
échouer l'application de ce droit.

Dans la plus haute antiquité, et encore dans ces
temps modernes, les mœurs guérrières, les hochets
de la féodalité, les fumées de l'encensoir, avaient

3

vomi sur la terre des conquérans et des usurpateurs, pour la désoler.

En se faisant jour lentement, les lumières sont venues éclairer les peuples sur leurs vrais intérêts, et asseoir la civilisation sur son véritable sol, la *liberté légale*.

Ainsi, les Anglais, qui en avaient vu l'aurore en l'année 1200, n'en ont obtenu le développement qu'en 1688.

L'assemblée constituante, qui avait encore mieux raisonné cette liberté légale, n'avait pas su la mettre en action.

L'homme le plus extraordinaire qui ait paru sur la scène du monde, n'avait songé qu'à faire tourner à son profit le violent amour de cette liberté.

Des princes rendus à la France à la suite de longues infortunes, semblaient devoir embrasser sincèrement sa cause et en faire l'appui de leur grandeur. Ils ne la conçurent pas : les vices de leur éducation, secondés par de cupides adulateurs, leur firent jésuitiquement revendiquer, sur le trône, le *droit divin*, le *bon plaisir*, ou l'arbitraire auquel ils avaient renoncé par leurs sermens.

Aux cris de la Charte qu'ils avaient jurée, le peuple, assassiné en leur nom, les a vaincus.

Et, par un admirable instinct, il a choisi dans leur famille le nouveau chef de l'État.

Un pacte solennel faisant suite à la Charte, conclu avec lui par l'entremise des deux Chambres, vient de résoudre le problème le plus difficile pour la consolidation de nos libertés publiques, celui de la balance des pouvoirs.

Maintenant que nous avons atteint le sommet de l'édifice politique, qui pourrait nous distraire du grand œuvre organique d'une légalité incontestable ?

Les passions des hommes diversement agités qui verraient, dans les miraculeux résultats de juillet, autre chose que l'accord tant désiré de tous les rouages du gouvernement, et qui, par des sophismes ou par de vains scrupules, tenteraient d'en troubler l'harmonie !

Soit erreur, soit préjugé, soit malveillance, toute proposition divergente serait désormais un crime de *lèse-humanité.*

C'est la société tout entière qu'il s'agit de sauver : la société ne peut pas périr victime des efforts imprudens ou sacriléges de ses prétendus défenseurs.

Ils opposent l'incompétence des deux Chambres qui ont perfectionné la Charte et proclamé le nouveau Roi. Ils y voient la violation d'un droit imprescriptible au trône, acquis au mineur, dernier rejeton de la branche déchue des Bourbons.

En cela ils font abstraction d'un précédent décisif : la préexistence de la Charte qui est, depuis 1814, le contrat formé entre la Nation et le Roi.

Par ce contrat, les deux Chambres ont reçu une existence légale, indépendante du Prince.

Par ce contrat encore, la monarchie française a

3..

changé de nature : d'*absolue* qu'elle était, elle est devenue *légale*. A la dignité du Roi ont été attachées des obligations écrites, positives, qui sont autant de charges de la succession au trône, qui font que le droit de successibilité est essentiellement conditionnel.

Par la violation flagrante de ce contrat, de nouvelles obligations ont dû simultanément être imposées au prince qui doit régner.

Tous sont d'accord de cette vérité ; tous l'ont proclamée et déjà même mise en pratique.

C'est de ce point qu'il faut partir, pour juger la légalité de la nouvelle organisation du corps social en France.

Nul n'était là, dans l'intérêt du mineur, pour stipuler ces nouvelles conditions de la royauté.

Sous ce rapport, il y avait vacance réelle.

Les Chambres avaient le droit de veiller à leur propre conservation et au salut du peuple qu'elles représentent. La défaillance ou l'incapacité de l'une des parties contractantes ne fut jamais une raison de déserter le contrat, un contrat du droit des gens surtout : un contrat politique, sauve-garde de la société entière.

Ici la minorité, par le concours inouï des circonstances les plus impérieuses, principalement de l'imperfection de la Charte, entraînait une perturbation générale, dont il a été du devoir des Chambres de préserver la masse ; la masse, qui avait tout fait pour l'exécution du contrat, et qui ne devait pas pé-

rir, parce que les dépositaires du pouvoir monarchi-
que l'avaient enfreint.

Cette nécessité de stipulations nouvelles, recon-
nue par tous, est un événement de force majeure
produit par les fautes des derniers gouvernans; le
mineur, qui en est victime, ne peut s'en prendre
qu'à eux. Ce sont eux qui l'ont fait déchoir, en
faisant naître son impuissance de succéder, là où la
succession n'était plus intacte, ni un titre suffisant.

Le peuple, qui s'est vu forcé d'agir instantanément par lui-même, n'a pas agi de sa propre im-
pulsion ; ce n'est pas lui qui a brisé la convention,
il y a été provoqué.

Ses résolutions, marquées au coin d'une admirable sympathie, n'ont rien eu de tumultueux : pas
un seul acte attentatoire à l'ordre public n'a été
commis. Le choix fait n'a rien offert qui puisse
porter ombrage aux puissances étrangères; il porte
sur un prince de la famille dont elles ont accepté
l'alliance.

Ni l'ordre moral, ni les relations diplomatiques
ne sont troublés.

Que nous reste-t-il donc à faire ?

A serrer nos rangs de citoyens.

A songer que nous sommes tous membres d'une
même cité, tous intéressés au maintien des libertés
conquises.

Qu'aucun ne s'éloigne de cet élan sublime qui est
dû à une même volonté.

Honorons surtout notre choix.

Environnons notre nouveau Roi de nos respects, encourageons-le par notre amour. Il ne peut que le bien, ne l'empêchons pas de le faire.

Que chacun fasse les sacrifices d'opinions, de préjugés, d'amour-propre et d'ambition que la patrie commande.

Les seuls ennemis qui soient à nos portes sont l'esprit de parti, l'intérêt personnel désordonné, la licence.

Ne compromettons pas le fruit inespéré d'une si merveilleuse régénération sociale.

Tous les rangs doivent s'abaisser devant ce chef-d'œuvre de la raison humaine.

Désormais le patriotisme doit consister à en recueillir et en discerner les élémens, à les mettre en valeur par une commune collaboration.

Qui pourrait songer au passé ?

Les hommes du privilége ! Peuvent-ils sensément en espérer le retour, quand plus de quarante ans les en séparent ?

Les exagérateurs ! qui cherchent la liberté, dans une république dont l'essai nous a dévorés et conduits au despotisme.

Les suppôts du fanatisme ! Le siècle repousse leur influence dans les affaires temporelles et civiles. Les organes purs et précieux de l'Évangile lès désavouent.

Les indépendans ! Il ne peut pas en exister chez une nation policée : tous ses membres sont sous le joug des lois.

Rallions-nous donc tous au point central du gouvernement que nous nous sommes fait ; retournons à nos travaux ordinaires, obéissons aux autorités ; contribuons au service public ; acquittons les impôts établis par la loi.

Bientôt la confiance et la prospérité renaîtront, et la France jouira du bonheur dont elle est digne.

Paris, 11 août 1830.

BERRYER père, *Avocat.*

ADRESSE AUX JOURNAUX.

J'ai cru devoir rédiger sur les mémorables journées de juillet et sur le parti qu'en ont su tirer les deux Chambres, quelques pages que je prends le parti de vous adresser. Je me suis attaché à y faire ressortir plus spécialement le grand principe de légalité, puisé dans le *droit de la nature et des gens ,* qui écarte toutes les objections.

Ex hoc jure gentium, discretæ gentes, regna condita, dominia distincta.

Voilà ce qu'il importe d'invoquer au soutien des mesures de salut public qui ont été prises : *Salus populi suprema lex esto.*

Ce qu'ont fait les deux Chambres n'est que la consécration de ces règles éternelles. Elles n'ont été que l'écho de l'opinion générale, manifestée bien avant, lors et depuis les journées de juillet. Ce ne sont pas elles qui ont pris l'initiative : seulement elles ont régularisé le vœu national.

Déjà cependant des désaveux implicites ou for-

mels se prononcent. On leur reproche de s'être éri-
gées *en pouvoir constituant ;* comme si elles avaient
dénaturé le contrat subsistant, changé la forme du
gouvernement représentatif, détruit les pouvoirs
constitués ; comme si, en un mot, elles avaient
aboli la monarchie constitutionnelle.

Rien de tout cela ; mais de simples modifications
à la Charte, désirées par tous ; mais un appel au
trône qu'il eût fallu inventer, si la Providence ne
l'eût fait pour nous ; appel grave sans doute en ce
qu'il résout la question de l'hérédité qui, dans nos
mœurs françaises, semblait ne pouvoir l'être qu'au
profit d'une orageuse minorité.

On ne doit pas se lasser de le répéter : l'héritier
présomptif, pour cette fois étant mineur, ne remplis-
sait pas les conditions voulues, dont la première
était de pouvoir instantanément pactiser avec la nation, débattre avec elle et arrêter sur-le-champ,
dans des termes à jamais irrévocables, les nouvelles clauses du contrat, les nouvelles obligations
imposées à la royauté, et qui devaient l'être impérieusement pour le salut de la société.

Encore une fois, depuis 1814, la monarchie française n'est plus féodale, mais constitutionnelle ; elle
n'est plus absolue, mais légale.

Ce n'est pas la nation qui l'a mise en péril. Ce
n'est pas elle qui a ébranlé le trône, ni improvisé
son occupation par un mineur, ni déroulé les maux
incalculables qui auraient découlé de l'imperfection
ou de la révocabilité du contrat.

BIBLIOTHÈQUE ROYALE

Des consciences généreuses peuvent en gémir; mais elles ne peuvent nier qu'il y avait lacune, du côté du pouvoir royal, pour l'achèvement nécessaire du pacte social: le prince devant être obligé de *suite et sans retour*, à peine de livrer la France à la plus épouvantable anarchie.

Faisons la part de ces sentimens, toujours nobles, qui obéissent au devoir d'une inflexible fidélité: mais n'oublions pas que l'amour de la patrie est aussi une vertu; que partout où il commande, les affections personnelles doivent se taire.

De toutes parts déjà on nous signale les dangers de notre nouvelle position. Vaines alarmes! L'union fera notre force.

Nous voulons le règne des lois, l'ordre public, le prompt retour de la confiance.

Il y a parfaite harmonie désormais, entre tous les pouvoirs constitués, pour nous assurer ces bienfaits.

Espérons que bientôt des mesures sagement concertées nous en feront jouir.

Si la publication de la présente vous paraît utile, je vous prie de vouloir bien l'insérer dans votre journal.

Agréez mon dévouement,

BERRYER père.

12 Août 1830.

NOTICE

SUR

LA VIE POLITIQUE ET SUR LES OUVRAGES

DE M. BERRYER PÈRE, AVOCAT A PARIS,

Rédigée par lui-même.

———————

Dans la journée du 13 juillet 1789, M. Berryer, qui exerçait déjà, avec quelque succès, sa profession au parlement de Paris, fut porté par acclamation dans la chaire de l'église de Saint-Merry, pour soumettre aux citoyens, confusément assemblés, de premières idées d'organisation de la garde nationale et d'un bureau de district. Il fut nommé secrétaire-rédacteur de ce bureau, et chargé à-peu-près de tout le travail, sous la présidence d'un doyen d'âge, qui était un ancien épicier fort respecté.

Un nouvel ordre judiciaire ayant été créé et de

nouveaux juges, nommés à la place du Parlement, une forte opposition se manifesta au Palais, par suite des impressions encore récentes qu'avait laissées l'existence éphémère du parlement *Maupeou*.

M. Berryer, qui avait bien conçu que le mouvement spontané de toute la France n'avait rien de commun avec les plans avortés d'un chancelier haineux, fut le premier à se prononcer en faveur de la judicature nouvelle ; il plaida, pour le trésor public, la première cause dont la magistrature de 1790 ait été saisie.

Ce fut son exemple qui entraîna plusieurs de ses confrères ; entre autres MM. Bellart et Bonnet.

Sous l'assemblée constituante, M. Berryer émit sur la législation diverses opinions, toutes dictées du moins par l'amour du pays.

Il proposa, entre autres, d'instituer les curés des campagnes juges de paix dans leurs arrondissemens.

Il proposa d'introduire le ministère public dans la composition des tribunaux de commerce, et d'admettre un certain nombre de négocians, pour le jugement des causes d'appel de commerce.

Sous la convention, le silence des lois et l'exigence des certificats de civisme forcèrent M. Berryer de se retirer momentanément du barreau. La trésorerie nationale, dont il était le conseil, lui ouvrit un asile dans son agence judiciaire, dont il dirigea le contentieux, pendant les dix-huit mois de la terreur.

Ces dix-huit mois ont d'ailleurs été remplis, pour

M. Berryer, comme *homme de loi*, par des soins prodigués, non sans risques, aux familles des émigrés, des détenus, des condamnés, des déportés. M. Berryer a éprouvé dans l'exercice de ce patronnage une foule d'incidens, dont la publicité pourrait être utile ; les épisodes de l'anarchie étant la meilleure de toutes les leçons.

Après la terreur, la justice ayant repris son cours, M. Berryer rentra dans les rangs de ses défenseurs ; préférant cette laborieuse carrière à la place d'agent en chef du trésor public, qui lui était offerte.

Ce fut alors qu'il vécut dans l'intimité avec tous les jurisconsultes que les assemblées législatives avaient appelés à Paris ; les Portalis, les Siméon, Cambacérès, Bigot de Préameneu, Regnault de Saint-Jean d'Angely, Thibaudeau, Beugnot et tant d'autres qui ont échangé leur indépendance d'avocats, contre les dignités républicaines ou impériales et royales.

Pressé souvent par eux d'entrer aussi dans la carrière des hauts emplois politiques (1), M. Berryer s'en défendit toujours sur ce qu'il devait à sa nombreuse clientelle.

Il dut bientôt à cette prédilection pour son cabinet d'avocat, et à ses travaux, la plus étonnante des compensations.

Livré plus spécialement aux affaires du commerce

---

(1) Voyez les *Mémoires de Bourrienne.*

tant de terre que de mer, M. Berryer, en l'an II, ef-
frayé des abus révoltans de la course maritime, pu-
blia, d'après les principes du droit des gens, une
sorte de manifeste *contre la saisie des bâtimens
neutres*.

Cette publication, traduite dans toutes les lan-
gues, attira dans le cabinet de M. Berryer, tous les
consuls, capitaines et négocians étrangers réclama-
teurs des propriétés capturées en mer par nos corsaires, au mépris du pavillon neutre.

Environné de toutes ces victimes, M. Berryer a
eu à lutter pendant plus de six années (de l'an II à
l'an VIII), contre tout ce que l'ardeur du butin
pouvait susciter de mesures oppressives : ordres du
jour de la Convention, arrêtés du Directoire, juris-
prudence extensive ou interprétative d'un Code de
préhension.

L'histoire de cette guerre maritime dont les com-
bats se terminaient dans les tribunaux, si jamais
M. Berryer peut la publier, ne sera pas sans
intérêt, à raison de la multiplicité, de la singu-
larité et de l'importance des espèces jugées. Elle
servira à éclairer les puissances, sur les mesures
à prendre, pour éviter le retour de pareils désordres.

Sous le consulat, M. Berryer, rendant hommage
à l'intrépidité des équipages corsaires, proposa au
gouvernement de les diriger tous, par des lettres de
marque spéciales, contre les bâtimens des compa-
gnies des Indes anglaises.

Sous l'empire, il fut l'un des conseils du général

Moreau, et plus tard, en 1813, le défenseur du maire d'Anvers, mis en jugement à la cour d'assises de Bruxelles, de l'ordre exprès de Buonaparte, qui voulait le perdre sous l'odieuse prévention de péculat.

Il n'y avait de salut, pour le maire d'Anvers, que dans l'indépendance du jury, composé, lors d'une première session, d'anciens Belges, tous propriétaires. Ce jury, dans le cours des débats, s'étant montré impartial, fut éconduit par une procédure incidente de faux témoignage, qui motiva le renvoi à une autre session.

Pour cette reprise, les jurés furent tous pris parmi les fonctionnaires publics, que l'on supposait devoir être plus favorables à une accusation qui n'était que morose et vindicative. M. Berryer retourna à Bruxelles parler fortement à leur conscience : une déclaration solennelle proclama l'innocence du maire.

Furieux de ce résultat, Buonaparte porte le délire jusqu'à ordonner que le procès soit recommencé contre le maire, quoique acquitté, et même que les douze jurés soient mis en jugement pour l'avoir absous. Ses furibonds décrets, transmis à Anvers d'abord, par le ministre de la justice, puis par un arrêté du Conseil-d'État, y éprouvent, de la part de M. Dargenson, préfet, la plus héroïque résistance.

On va jusqu'à porter un sénatus-consulte, qui ordonne l'exécution des décrets impériaux, et l'affaire est renvoyée à Douai ; M. Dargenson donne sa démission; le maire d'Anvers est reconstitué prisonnier. M. Berryer court à Douai pour le défendre une troisième fois, et pour venger l'honneur du jury outragé par le despotisme.

C'était en mars 1814; tout-à-coup le colosse tombe, et avec lui la procédure la plus monstrueuse qui jamais ait été méditée sur la ruine des lois.

En 1815, sous la restauration, refoulée à Gand, la haine qui poursuit cette armée long-temps victorieuse, accuse de haute trahison le guerrier qu'elle revendique comme son héros. Elle accuse le maréchal Ney, parce que seul il n'a pas pu détourner le torrent que le midi de la France roulait sur Paris.

M. Berryer, sourd aux clameurs qui l'étourdissent, embrasse la défense de l'illustre accusé que les passions désignent à la mort : il les force d'ajourner pendant plusieurs mois, leur épouvantable triomphe, qu'elles n'obtiennent que par l'interruption à jamais réprouvée des débats.

La mort d'un aussi grand capitaine eût dû suffire à toutes les vengeances.

Elles ont poursuivi le défenseur du maréchal, dans sa carrière même de jurisconsulte, jusque dans Bordeaux, où, à l'occasion du procès des frères Faucher, il fut proposé de le faire rayer du tableau, pour avoir défendu le maréchal.

Pendant six années consécutives, ses confrères de Paris voulurent le dédommager de ces persécutions, et le nommèrent leur bâtonnier à une grande majorité ; mais il fallait que leur vote fût sanctionné par le procureur-général du Roi : celui-ci l'éluda, en choisissant, dans la liste, les candidats qui avaient obtenu moins de voix que M. Berryer.

M. Berryer a eu de plus le malheur de voir sa fortune engloutie dans la mesure inconsidérée de 1814, qui fit prononcer tout-à-coup *plus de droits réunis*. Il avait sauvé une valeur considérable en cotons filés, du naufrage d'une manufacture dont il était le soutien, après avoir été le patron de son chef, premier importateur en France des filatures anglaises ; l'admission subite des produits de l'étranger en ce genre fut la ruine de tous ceux qui en étaient approvisionnés.

M. Berryer a depuis formé, pour l'établissement de ses deux derniers fils, deux entreprises, l'une et l'autre d'utilité publique, qui ont échoué, l'une par le retrait d'une prime promise par l'État ; toutes deux par le défaut d'encouragement.

Malgré tous ces échecs et malgré son grand âge, M. Berryer n'en poursuit pas moins, avec constance, le cours de ses travaux. Il est l'auteur des articles *Commerce* (Code de), *Faillite, Fret, Lettres-de-Change, Sociétés,* insérés dans l'ENCYCLOPÉDIE MODERNE de M. Courtin. Plus anciennement il avait composé plusieurs écrits sur l'économie politique, sur les devoirs d'électeur, etc., tous dictés par l'amour du pays.

Il a publié l'année dernière, 1829, une *Dissertation générale sur le commerce*, dont la France aujourd'hui *régénérée,* peut mieux juger l'intention.

On y retrouve, à chaque page, une foule d'idées qui doivent ramener les capitaux et le crédit vers l'industrie et le commerce.

M. Berryer, pour un plus grand ouvrage sur la législation commerciale, avait ouvert une souscription que les circonstances ont peu favorisée. Toute son ambition serait aujourd'hui d'être mis à même de terminer ce recueil d'observations pratiques accumulées pendant près de cinquante années d'exercice au barreau de Paris.